JN438288

諷詩調詩集 · 47

풍諷계戒집集 · 14

박진환 제65시집

지성 · 감성의 메타언어
조선문학시인선 · 383

諷詩調詩集 · 47

풍諷계戒집集 · 14

조선문학사

■ 책머리에

풍시조(諷詩調)는 깎아내리기 · 조소하기의 미학이다.

2014년 初夏

박 진 환

박진환 제65시집 / 諷詩調詩集 · 47

풍諷계戒집集 · 14

차례

책머리에 / 5

곰에 속지 않거든 / 11
그 증거지 / 12
두 귀가 있는 게 불행하다 / 13
키우는 꼴 안 될지 / 14
썩게 한다는 사실 / 15
게다 발길 돌리셔 / 16
식소사번이어서야 / 17
한지붕 한가족 됐으면 / 18
인간이라고 다르랴 / 19
둘 다여서 / 20
부끄러운 짓들 / 21
필요하거든 / 22
고갯짓 / 23
접어야 할 판 / 24
제발 접혀지지 않았으면 / 25
비아냥하데 / 26
잊은 건지? 모르는 건지? / 27
못 면하는 찬밥신세 / 28
한눈에 보여 / 29

요술과 사기술 / 30
종이냐? 노예냐? / 31
토악질로 토해낼 게 아니던가 / 32
그런가 봐 / 33
편법 / 34
그게 정치거든 / 35
짜증난다 / 36
no일밖에 / 37
못 뚫는 길이어서 / 38
정치 작태들 / 39
꼼수가 좌우해서 / 40
선거철의 입과 귀 / 41
인자행세도 못해서 / 42
이리갈데 / 43
몰랐던 모양 / 44
구실 던져준 셈이나 아닐지 / 45
쿳김싸움도 그럴밖에 / 46
굶는 이만 못해서 / 47
꼴 잡혀가거든 / 48
신물만 토해서 / 49
정치법도인 것을 / 50
들어서겠는가 / 51
미달뿐이니 / 52
페인팅인 것을 / 53
특허권 / 54
여·야 / 55
통하거든 / 56
미래로 향함인 것을 / 57
안했던가 / 58

용기 중의 용기 / 59
이를 두고 한 말이었거니 / 60
다른 특허품이거든 / 61
사람이 없으니 역시?? / 62
분수 아닌가 / 63
두 의문부 / 64
그놈이 그놈 / 65
한 수 / 66
시거든 / 67
이미 오래거든 / 68
부끄러움이거든 / 69
뒤따라 밟을 밖에 / 70
비켜 가 / 71
세상이어서 / 72
순 날림판인 걸 / 73
화풀이 탓 아니었을지 / 74
이러하거니 / 75
정치안질 걸려서 / 76
유분수지 / 77
쇼는 쇼지 / 78
북녘이어서 / 79
민주적이었거든 / 80
입이라도 맞추겠나 / 81
안 죽는다거든 / 82
있던 이웃도 도망가 / 83
통하거든 / 84
눈도 뜨여 / 85
따로 없네 / 86
호소하게 했으면 / 87

순서일 것 같아서 / 88
표류하느냐? / 89
마비 불러 / 90
북악산 밑에 있다 / 91
나는 놈 있다지 / 92
새타령이면 호사지 / 93
어찌 나이 탓이겠는가 / 94
미세먼지 · 황사 / 95
된발음 즐기다니 / 96
이러하거니 / 97
쟁취하겠나 / 98
속임수 · 꼼수로 하는 시대거든 / 99
못하다는 걸 / 100
여왕의 나라 코리아 / 101
부족해야 오른다는 것을 / 102
등태산이소천하 즐기니 / 103
안 당할지 / 104
마음의 눈까지 멀게 하니 / 105
주어인 세상에 / 106
옛분들의 상마지교가 떠올라서 / 107
반대면 양반이지 / 108
찌푸려서 / 109
사상누각 같아서 / 110

곰에 속지 않거든

여야 정치인들의 전매특허품 꼼수
꼼수란 된발음 순한발음으로 바꾸면 곰수
헌데 어쩐다, 이제 영리한 국민들 미련한 곰에 속지 않거든

그 증거지

6·25때쯤이던가 미국똥은 달다고 했던 것이
그래 정치야욕 당의정으로 포장했으니 독한 것도 달 수밖에
미 대외원조기관의 쿠바체계 흔들기가 그 증거지

두 귀가 있는 게 불행하다

요즘 유행하고 있는 '종박'이니 '박심'이니 하는 말
한 귀로 듣고 한 귀로 흘려버릴 수 있어 귀가 둘이란 게 다행이다
그렇긴 해도 왕자무친 말 허사로 들리니 두 귀 있다는 게 불행하다

키우는 꼴 안 될지

녹지관리지역 기존 공장 건폐율 20%에서 40%로 확대
규제완화 우선 정책실현도 좋지만 공장으로 수도권 울타리쳐
죄어오는 숨통 못풀면 암 치유하려다 암 키우는 꼴 안 될지

썩게 한다는 사실

사과는 빛깔로, 맛으로, 영양가로 말을 한다, 헌데 요즘 사과엔
빛깔과 맛, 영양가는 있는데 한가지 빠진 게 있다
바구니 속의 썩은 사과 한 개가 다른 사과도 썩게 한다는 사실

게다 발길 돌리셔

아베선생, 과거지향 정치, 눈 돌려 현실정치로 바꾸셔
도쓰게기식이나 바이킹식, 훈도시식으로 안 통하는 시대
과거지향 지양해 미래지향 정치로 게다 발길 돌리셔

식소사번이어서야

일 아베 콧대 미 종용도, 한 원칙도 안 통해
통하지 않는 불통이 뭐 그리 좋은 거라고 배워갔나, 수입해갔나
수입도 수입 나름, 얻을 건 없고 수고롭기만한 식소사번이어서야

※ 식소사번(食少事煩) : 먹을 건 적고 일은 번거롭다 함이니 많은
수고로움에 비해 얻을 것이 없다는 뜻.

한지붕 한가족 됐으면

유인기는 얼씬도 못하는 철벽 방공망 무인기가 뚫었어
유·무 따져 뭘하나만 非有非無가 생각나서
생각난 김에 하나 더, 유·무 넘어선 곳 한지붕 한가족 됐으면

인간이라고 다르랴

양지의 꽃은 먼저 피고 음지의 꽃은 늦게 핀다
일찍 핀 꽃은 일찍 지고 늦게 핀 꽃은 늦게 지는 이 평범한 진리
모든 것은 법칙에 따라 생성 소멸하는 것을, 인간이라고 다르랴

둘 다여서

빈수레가 더 요란하고 빈깡통이 더 딸랑대는 법
몇 푼 번다고 와서 확인해 보라느니 어쩌느니 광고까지
영 듣기가 거시기 · 머시기 둘 다여서

부끄러운 짓들

일, 아베 배신차원 아닌 계획되고 계산된 의도적 판깨기
미 등에 업고 기고만장한 꼴도 꼴이지만
배신보다 한수 더뜬 뒤통수치기까지, 골라서 한 부끄러운 짓들

필요하거든

일, 독도 일령으로 표기한 국교 교과서 教過書로 바꿔야
과거지향 지양해 미래지향으로 새시대 향하려면
과거역사 제대로 배울 教過書가 필요하거든

고갯짓

답을 듣고 싶다는 야당과 할 말이 없다는 청와대
문제가 없는 건지? 답이 없는 문제인지?
두 물음표 앞에 한 백성들만 갸우뚱 고갯짓

접어야 할 판

인권위 돈 없어 접수된 진정 반도 처리 못해
ICC에서 등급 A를 받았던 코리아 등급보류로 체면 먹칠
먹칠만 했으면 좋게, 이래가지고는 북녘 인권 운운도 접어야 할 판

※ ICC : International Criminal Court, 국가인권기구 국제조정위원회 약자.

제발 접혀지지 않았으면

OECD, 한국 탈규제이벤트 두고 대통령주도보다 장관책임주도 조언

이유인즉 경제적 서민과 사회적 서민간에 야기된 갈등 조장 우려

경청할만한 이 지적, 제발 불통으로 접혀지지 않았으면

비아냥하데

"잘못된 제도와 관행 바로잡겠다"며 "기초단체장 공천폐지" 언급
언급도 그냥 언급 아닌 대선공약, 헌데 공약이행 아예 무시
이를 두고 언론들 '모르쇠'라 비아냥하데

잊은 건지? 모르는 건지?

여당, 잘했건 못했건 민주주의 정치한다고 자부
헌데 야당과 동행 아닌 독주성 일방통행
야당이 존재해야 민주주의란 정치상식 잊은 건지? 모르는 건지?

못 면하는 찬밥신세

한·일은 냉풍기류, 연일 돌개바람으로 불고
북·일은 온난화기류, 연일 훈풍 꽃바람으로 불고
미는 일에 훈수손길 뻗치고, 이래저래 한국만 못 면하는 찬밥신세

한눈에 보여

미생지신은 도덕적일 수는 있으나 정치적일 수는 없다
도덕은 지킴으로써 미덕이, 정치는 속임으로써 정치덕목이 된다
미덕과 덕목, 굳이 공·맹 따질것 없어, 한국 여·야보면 한눈에 보여

요술과 사기술

안철수 무공천 후퇴나, 선거공약 공천제 폐지 불이행이나
각기 표현은 달라도 결과는 매한가지
정치란 게 일종의 리더술이거든, 술 중에서도 요술과 사기술

종이냐? 노예냐?

'빚진자는 채권자의 종', '채무자는 자유인을 노예로 만든다'
부채없는 가난은 왕자보다 낫다는 말도 있긴 하지만
한국인 부채 1인당 1천만원이면 코리언 종이냐? 노예냐?

토악질로 토해낼 게 아니던가

한국인 덜 걷고 술은 더 마신다는 조사 결과
걸으면 뭘하나, 갈 곳도 목적지도 없는 배회, 허니 술이나 마실밖에
술이라도 마셔야 홍진취객의 명정 토악질로 토해낼 게 아니던가

※ 홍진취객(紅塵醉客) : 번거롭고 속된 세상의 술에 취함.

그런가 봐

기초단체장 선거 무공천 두고 여·야 제각기 사과하라 함성
헌데 함성은 사과인데 정작 내미는 건 비계덩이 배
정치도 권력살이 붙으면 그런가 봐

편법

육법전서는 물론 어느 법전에도 없는
법조항도 없으면서 법 위에 군림하는 법 중의 법
선물이 크면 재판관을 장님으로 만드는 유권 · 유전 무죄 편법

그게 정치거든

공천이건 무공천이건 정치란 이상보다 현실이 먼저
이상 실현 위해 현실이 필요하고 현실이 있어야 이상도 실현
문제는 이상, 현실보다 눈앞의 선거가 먼저, 그게 정치거든

짜증난다

정치판 이전투구로는 부족했는지 상대당 과녁삼아 당기는 離箭
투표는 총알보다 강하다던데 활시위가 또한 그러하지 않은가
서로 피를 흘리건 말건, 시끄럽다, 너무 시끄러워 짜증난다

no일밖에

정치판도 매스컴도 조용한 나날이면 그게 행복한 나라 아닐까
시끌시끌 하루도 조용할 날 없는 소음공해 못면하는 불행한 코리아
소음도 생산모터 기계음이면 ok인데 편싸움 고함이니 no일밖에

못 뚫는 길이어서

한국의 한 석학 남북통일 두고 '날 따라오라' 식으론 안 된다고

달리 말하면 한사람의 의지나 선도로는 이루어지지 않는다는 뜻

의지가 있는곳에 길은 통한다지만 남북은 의지만으론 못뚫는 길이어서

정치 작태들

바쁜 선거행보 좇는 염불급타 때문인가
당선 발원 일념으로 염불삼매경에 빠진 때문인가
꼼수공약 내걸어 놓고도 염불위괴 못 버리는 정치 작태들

※ 염불급타(念不及他) : 바빠서 다른 생각을 할 겨를이 없음.

※ 염불삼매(念佛三昧) : 부처만을 생각하는 경지.

※ 염불위괴(恬不爲愧) : 옳지않은 일을 하고도 부끄러워하는 기색이 조금도 없음을 이르는 말.

꼼수가 좌우해서

뚜벅뚜벅 걷는 것이 경쟁에서 이긴다, 이솝우화니 믿거나말거나
믿거나 말거나가 아닌 것도 있지, 경쟁은 인생의 법칙이란 것
헌데 선거판 법칙이란 게 건곤일척을 꼼수가 좌우해서

※ 건곤일척(乾坤一擲) : 죽느냐 사느냐, 마지막 운명을 걸고 승부를 다툼.

선거철의 입과 귀

우리 속담에 귓구멍이 나팔통 같다는 말이 있지
귓구멍이 나팔통이니 주둥이가 나팔통 같음보다는 낫지만
주둥이마다 꼼수, 꼼수에 기울이는 나팔통귀, 선거철 입과 귀가 그래

인자행세도 못해서

미 국가안보국이 국제인권기구들도 사찰해왔다고 스노든 폭로
이 폭로가 사실이라면 미 인권 거론할 자격 없어
헌데 인권이란 게 힘 앞에서는 인권은커녕 인자행세도 못해서

이리같데

러시아인이 즐겨 쓰는 최초의 고향은 어머니, 제2의 고향은 계모
계모도 어머니 다음의 고향이 되어준다는 뜻일 터, 헌데
칠곡의 임모 계모 보니 고향은 무슨 異里보다 더 무서운 이리같데

※ 이리(異里) : 타향.

※ 이리(泥梨) : 범어 Niraya로 지옥을 이름.

몰랐던 모양

국민 · 기업 등 도쿄지점, 관례처럼 사고만 내는 사고다발지점
돈이 좋기로서니 은행돈으로 고리채 · 대부업을 했다니
돈만 알고 '돈은 모든 악의 근원'이라는 성경말씀은 몰랐던 모양

구실 던져준 셈이나 아닐지

어떤 상조회사 '내 수입 궁금하면 와서 확인해 보세요' 광고던데
북 무인기에 대응한다고 우리 첨단 무인정찰기 공개가 그꼴
물고늘어지기 좋아하는 북에 되레 구실만 던져준 셈이나 아닐지

콧김싸움도 그럴밖에

미 국방, 첫 방중 호된 신고식 치렀다던데
한·일 다루듯 그렇게 중은 다룰 수 없었던 모양
G2란 미국코, 중국코 높이가 같다는 뜻, 허니 콧김싸움도 그럴밖에

굶는 이만 못해서

지방선거 앞두고 헛배 부른 여당이란 기사 눈길 끌데
함포고복 아닌 잘못 먹었거나 잘못 먹은 소화불량 탓
국민 질타로 헛배 불러 소화불량이면 굶는 이만 못해서

※ 함포고복(含哺鼓腹) : 잔뜩 먹고 배를 두들김이니 배불리 먹고 즐긴다는 뜻.

꼴 잡혀가거든

쇠도 얻어맞아야 쇠중의 쇠 강철이 되는 법
대중의 맷살 붙어야 인성도 다듬어지는 법
정치도 그와 같아서 국민이 내려치는 망치질에 꼴 잡혀가거든

신물만 토해서

치고받고 얻어맞고 깨지고 코피 흘려야 싸움답지
그래야 구경꾼도 지켜보며 신명이 나는 법, 헌데 어쩐다
정치싸움에 식상한 국민들 신명 아닌 신물만 토해내서

정치법도인 것을

여의도 벚꽃 서둘러 철보다 먼저 피더니 지기도 먼저
피면 지는 법이 자연의 법도거니 정치라고 다르랴
먼저 피건 늦게 피건 민심 좇아 피고 지는 것이 정치법도인 것을

들어서겠는가

민심을 좇아 행함은 독선 · 침묵보다 지혜롭고
대중의 뜻을 존중함이니 대의에도 그릇됨이 없음이다
지혜롭고 그릇됨 없이 행하지 않고 어찌 대도에 들어서겠는가

미달뿐이니

헐뜯고, 비아냥하고, 깎아내리기 달인인 정치 9단들
달인이 별건가, 10단에 못 미치면 미달인이지
헌데 어쩌다, 세상이 온통 미달인들 차지의 미달뿐이니

페인팅인 것을

실현은커녕 실천도 못한 거짓말로 도배한 사기술
구호마다 장미 수놓은 빛깔은 무지갠데, 어쩐다
정치란 게 요술·사기술에 꼼수까지 덧칠한 페인팅인 것을

특허권

메이딘 코리아 특허품 不字표 한국 정치
불평 · 불만 · 불평등에 부정 · 부패 · 불신까지
정치 특허청 불자표 빼면 한건도 없는 특허권

여 · 야

말에도 독이 들어 있다는 사실 증명해주는 독설
말도 화살과 같아서 날아가 꽂히면 독화살
서로 죽이고 죽으며 쏘아대는 독설 살인 즐기는 여 · 야

통하거든

정치에서 양보란 자살행위
살기 위해, 살아남기 위해선 쟁취가 선
정치사전에선 양보는 악, 쟁취는 선으로 통하거든

미래로 향함인 것을

정치란 미래를 위해 현실을 넘어서야 하는 것
주저앉으면 끝장나는 게 정치 생리, 2번이면 어떤가
기호는 2번이지만 선거결과 1번이면 미래로 향함인 것을

안 했던가

철수정치면 어떻고 후퇴 · 퇴행정치면 어떻나
물러섬과 나아감을 알고 결정하는 진퇴 또한 지혜인 것을
프로이트 왈, 물러섬은 나아가기 위한 잠정적 휴식이라 안 했던가

용기 중의 용기

용기 있는 사람은 모든 약속을 지키는 이란 말, 거꾸로 풀면
못 지킴은 용기 없음, 헌데, 못지킨 약속 사과할 줄 아는 것도 용기
약속 어기고도 입 봉한 침묵에 비하면 용기 중의 용기

이를 두고 한 말이었거니

새정치연합 공천철회 두고 명분보다 실리 택했다던데
그림의 떡보다야 한조각 빵이 더 실속 있음과 같은 이치
명존실무란 옛분들 말씀도 이를 두고 한 말이었거니

※ 명존실무(名存實無) : 이름만 있고 실상은 없는 것.

다른 특허품이거든

미, 중에 북에 대한 영향력 행사 주문에 중, 불가능한 임무라고 일축
미국의 잣대, 이번엔 눈금을 잘못 읽은 모양
한 · 일에 행사한 미영향력 잣대와 북 · 중 잣대는 다른 특허품이거든

사람이 없으니 역시??

세상을 떠들썩하게 한 무인기 정부 북한소행, 야 의원 아닐 수도
무인기에 쓰인 '아래아' 한글서체는 북한게 아니라는 주장
다른 이유와 함께 일리가 있는데 아니면? 사람이 없으니 역시??

분수 아닌가

새벽 4시 책상 앞에 앉은 날보고 내자왈 "무슨 청승"이냔다
모르시는 말씀, 청승이라도 떨어야 달래는 불면
몇시간 더 자봤자 꿀 꿈도 없으니 청승맞기가 분수 아닌가

두 의문부

세상 돌아가는 꼴이 물고 물리는 기어 같아 두렵다
삶이란 고리와 고리를 걸고 돌아가는 벗어날 수 없는 회전 벨트
벗어남은 자유인일까? 낙오자일까? 벨트에 빨려 들어가는 두 의문부

그놈이 그놈

물고 물리고 물어뜯고 놓아주지 않는 지칠 줄 모르는 여야 정쟁
유식하게 말하면 이전투구, 무식하게 말하면 개판
눈 흘기며 외면하는 구경꾼들 한마디 "그놈이 그놈"

한 수

어느 재미 칼럼니스트 "날마다 헐뜯어도 세상은 안변하더란" 말
펜으론 세상을 바꿀 수 없음을 말함 아니던가
부질없음 알면서도 힘주어 써보는 諷詩調 한 수

시거든

어느 풍시조 시인 왈 "신문기사 옮겨 쓰면 시가 된다"고?
틀린 말씀, 그럴 바엔 읽고 버리면 될 걸 뭘하게 또 써
시는 기사가 아니거든, 기사마저도 레토릭으로 변용해야 시거든

이미 오래거든

지조를 정신덕목이라고들 하던가, 웃기는 말
고깃덩이에 싸서 버려도 개도 안 물어가
변절되어 맛 간지 이미 오래거든

부끄러움이거든

청렴을 자랑으로 알고 살았던 옛분들
가진 것 없어 가리지 못한 부끄러움 감추는 수작이었던 게야
요즘이라고 다르랴, 앞세운 청렴, 자랑 아닌 부끄러움이거든

뒤따라 밟을 밖에

권세고 돈이고 쥐고 가진 자가 왕이지
힘없고 가진 것 없는 자에게 왕도란 길은 주어지지 않거든
허니 동행 아닌 추종으로 그림자만 뒤따라 밟을 밖에

비켜 가

한치의 양보도 없이 싸우는 정권싸움
명분도, 의리도, 양심도 실리 앞에선 버려진 헌신짝
시린 맨발의 거지도 외면하고 비켜 가

세상이어서

세상의 두께가 점점 얇아져 간 것 같다
생각도 마음도 행동도 죄다 무게가 빠져나감이리라
허긴, 제 무게에 눌려 일어서지 못하면 얇아짐만 못한 세상이어서

순 날림판인 걸

공들이지 않아 탐탁지 못함을 두고 한 날림이라는 말
세속말로 치면 짜가쯤이 되는 날림
어찌 세상뿐이겠는가, 정치판도 순 날림판인 걸

화풀이 탓 아니었을지

의붓딸 때려죽였다고 의붓엄마·아빠만 탓하던데
학대 행위자 직업 유형을 보니 37%가 무직, 19.2%가 단순노무직
이로 보면 학대 원인 살기 힘든 생활고 화풀이 탓 아니었을까

이러하거니

일자리 없어 백수 못면하고 사는, 흘리고 싶어도 못흘리는 코피
"나는 매일 사표를 쓴다"며 매일 코피 흘리며 사는 직장인
하루해가 고해 저쪽에 매일 코피를 쏟는 고달픔도 이러하거니

정치안질 걸려서

박근혜 정부 지지율 60% 상회를 두고 '정치를 잘해서'
'야당이 워낙 못해서' 두 시각의 평가로 갈리던데
평가란게 제눈의 안경에※ 다 정치작태 눈꼴 시려 정치안질 걸려서

※ 같은 한사람에 대해서도 보는 이의 눈에 따라 제각기 평가가 다르다는 뜻.

유분수지

안철수 무공천 철회 두고 여 안대표 정계은퇴설까지 제기
지난 대선때 '세상을 바꾸는 약속'이라며 국민과의 무공천 약속
것도 못지킨 여, 무공천 철회 비난이라니 면종후언도 유분수지

※ 면종후언(面從後言) : 면전에서는 순종하는 척하고 뒤에 가서는 비방과 욕설을 한다는 시경(詩經)에 나오는 말.

쇼는 쇼지

무인기에 대한 설왕설래 중 '코미디'란 말 웃기지만은 안해
코미디라면 '날자'도 쑈, 서체 아래아 한글도 쇼란 뜻
무인기 소동을 쇼로 볼 수 있다는 암시인데 암시 사실되면 쇼는 쇼지

북녘이어서

6자회담 대표들의 불난 발걸음 얼었던 얼음 짱 녹힐지?
녹혀 걸어잠근 핵의 빗장 풀어낼 수 있을지? 문제는 매개자가
남녘이란 점, 남자만 들어도 경기하는 남자가 북녘이어서

민주적이었거든

야의 무공천 철회, 여 독 내뱉듯 독설로 토해내던데
당원의 뜻 좇은 선택 살만했어, 국민의 뜻은커녕
당원의 뜻도 안 물은 여의 무공천 공약보다는 민주적이었거든

입이라도 맞추겠나

북 드레스덴 구상, 흡수통일 음모라고 맹비난
그도 그럴 것이 드레스는 여성이미지, 덴은 남성애칭 댄과 통하거든
허니 상극, 상극이니 어찌 입이라도 맞추겠나

안 죽는다거든

만고의 진리 사람은 죽는다, 그건 육신의 삶일 때이고
정신의 삶으론 진리가 아니거든, 죽어야 새로 태어나고
죽어야 영생이 되는 죽음 너머 정신적 삶으론 안 죽는다거든

있던 이웃도 도망가

정신덕목 10덕, 정직 · 진실 · 숭덕 · 숭례 · 청빈 · 겸양 · 신의 · 선행,
순결 · 근면은 정신나간 소리, 지금은 물신시대
덕불고필유린은 옛말, 옛말대로 살다간 있던 이웃도 도망가

※ 덕불고필유린(德不孤必有隣) : 덕은 외롭지 아니하고 반드시 이웃이 있다는 논어에 나오는 말.

통하거든

6자회담 성사 위해 각국 대표들 발품 팔고 다니던데
정작 당사국 북녘은 핵실험 강행만 되풀이
그도 그럴것이 非核이란게 북에선 秘核, 密核, 隱核과도 통하거든

눈도 뜨여

무공천 약속 여는 안지켰고 야는 못지켰다가 정평
안지킨건 약속 파기이고 못지킴은 지키고자 했으나 불가했단 뜻
그 뜻 읽을 줄 알면 보아야할 것 볼 줄 아는 눈도 뜨여

따로 없네

공무원·군인연금 보존에 국민혈세 5년새 14조원 탕진
새새새 물 빠져나가는 소리인줄 알았더니 피 빠져나가는 출혈음
피 빨아 적자 메우다니 드라큘라가 따로 없네

호소하게 했으면

아동학대 80%가 부모, 친부가 40%, 친모가 35%
제자식 동네북 만들어 친 격고최인명이 이러하지 않던가
동네마다 어린이 신문고 설치, 원통함 호소하게 했으면

※ 격고최인명(擊鼓崔人命) : 목숨을 재촉하는 북소리란 뜻으로
성삼문(成三問)의 수형시(受刑詩)에 나오는 말.

순서일 것 같아서

무공천 철회 놓고 여 '안철수는 은퇴하라' 등등 막말 퍼붓던데
정작 비판의 대상은 무공천 약속 내팽개친 여가 먼저거든
전·후 따져 뭣하랴만 매는 먼저쪽이 맞아야 순서일 것 같아서

표류하느냐?

통일준비위 대통령이 직접 꾸리고 드레스덴 구상까지 밝혔지만
북, 통일을 불순하게 악용하려 한다며 괴변이라고 맹비난
통일대박 물거품이냐? 물거품에 빈대박 바가지만 표류하느냐?

마비 불러

한국 고급 일자리는 줄고 인위적으로 창출한 일자리는 늘어

정부 목적에는 청신호, 전문화에는 적신호

새정권 때마다 바뀌는 고·스톱에 정치 신호체계 마비 불러

북악산 밑에 있다

가장 간혹한 거짓말은 때로 침묵 속에 말해진다
거짓말과 침묵의 밀월 혹은 동거
그런 집 하나 북악산 밑에 있어서

나는 놈 있다지

현상금 2000만원 걸고 불법행위 신고전화 개설해 비리접수
비리 알려오자 회유, 현상금마저 돌려받았다니 순 날강도
날강도의 날자가 날개거든, 허니 '기는 놈 위에 나는 놈 있다'지

새타령이면 호사지

우리 속담에 '늙고 병든 몸엔 눈먼 새도 안 앉는다' 했던가
안 앉으면 그뿐이지만 앉았던 새도 날아가버리거든
계피학발 못 면하고 사는 삶 새타령이면 호사지

※ 계피학발(鷄皮鶴髮) : 살갗이 닭의 닭살같이 거칠고 머리털이 학의 깃처럼 희다는 뜻이니 노인을 가리키는 말.

어찌 나이 탓이겠는가

10세엔 과자에, 20세엔 연인에, 30세엔 쾌락에, 40세엔 야심에, 50세엔 탐욕에 움직여지고, 어느 때가 돼야 英智를 좇게 된다던데 산수를 앞두고도 英智는커녕 無知 못면하니 어찌 나이 탓이겠는가

미세먼지 · 황사

알레르기 비염환자에게 미세먼지 · 황사는 독이다
입 대신 코로 마셔야 하는, 한순간도 마시지 않고는 살 수 없는 독
독은 독으로 쫓아낸다던데 쫓아낼수록 파고드는 독 중의 독 먼지

된발음 즐기다니

구구구 비둘기, 배고파 우는 게 아닌, 님 그리워 우는 거야
999, 999, 곱해봐, 9×9=81, 81 거꾸로 돌려봐 18
그게 뭐 그리 좋은 거라고 18, 18, 18, 된발음 즐기다니

이러하거니

선거는 단순한 사람 뽑는 차원이 아닌, 사활을 건 전쟁
죽느냐? 사느냐?가 아닌 너 죽고 나 살자
투표를 총알보다 무섭다고 한 소의가 이러하거니

쟁취하겠나

어떠한 혁명도 비단장갑으론 이루어질 수 없다던데
권총을 든 가죽장갑은 아니어도 글러브 정도는 끼워야 게임이지
새시대 · 새정치를 어찌 맨손으로야 쟁취하겠나

속임수·꼼수로 하는 시대거든

선거를 돈으로, 인물로, 운동으로 하는 시대는 지났어
정당·정책·인기로 하는 시대 또한 지났어
지금은 수·다수가 아닌 수중에서도 속임수·꼼수로 하는 시대거든

못하다는 걸

미처 몰랐었구나, 침묵·불통에도 지지율 70%대 육박

이 놀라운 사실 침묵으로 말해주는

말이 너무 많아도, 소통이 너무 잘돼도 침묵·불통만 못하다는 걸

여왕의 나라 코리아

신사의 나라 코리아, 기사도 정신의 나라 코리아
언제나 남론보다 앞세운 여론이 먼저인
충성스런 나이트쉽을 자랑하는 여왕의 나라 코리아

부족해야 오른다는 것을

물건이란게 부족하면 오르고, 남아돌면 내리는 것이 값의 이치
그걸 몰랐네, 상도와 왕도가 같다는 것을, 그리고 알았네
상도와 왕도가 같으니 지지도란 게 부족해야 오른다는 것을

등태산이소천하 즐기니

오르면 내리고, 내리면 다시 오르기도 하는 법
上·下가 있음은 이 때문이거니, 헌데 어쩐다
사람들은 너나없이 등태산이소천하 즐기니

※ 등태산이소천하(登太山而小天下) : 높은 곳에 오르면 세상이 작아 보이듯 높은 직위에 오르면 사람을 내려 본다는 뜻.

안 당할지

세치의 혀로 다섯 자의 몸을 살리기도 하고 죽이기도 한다는 말
말의 해여서 그런지 여야의 말마다 말꼬리에 독이 묻혀 있던데
이러다 죄 없는 백성들 독에 걸려 독살·말살 안 당할지

마음의 눈까지 멀게 하니

눈 떴다하면 미세먼지에 황사에 스모그에 시계 제로
허니 어찌 제대로 숨인들 쉬고 살겠는가, 거기다
정치 기류가 몰고 온 안개에 시계 아닌 마음의 눈까지 멀게 하니

주어인 세상에

세인들 여·야 선거판 정치작태 지켜보며 한마디씩 하는 말
"잘한다", "잘논다"
이 말 듣기가 어디 그거 쉬운가, "못한다"가 주어인 세상에

옛분들의 상마지교가 떠올라서

꼭꼭 숨어라 머리카락 보일라, 웬 유행가냐고?

청와대는 외무부 뒤로 숨고, 국정원장은 부하 뒤에 숨는다는 지적

은신을 삶의 방법이거니 쳐도 옛분들의 상마지교가 떠올라서

※ 상마지교(桑麻之交) : 권세와 영달을 버리고 한적한 시골에서 뽕나무와 상나무를 벗하며 지낸다함이니 전원 은거생을 뜻함.

반대면 양반이지

탓할 것 없어, 정치도 새 임 만나면 옛 임 버려
하물며, '임을 위한 행진곡' 추진 반대쯤이야
배신을 밥먹듯이 하는 상놈의 정치판에서 반대면 양반이지

찌푸려서

국정원 간첩조작사건 '꼬리자르기', '제식구 감싸기'로 끝냈다고
야와 시만단체 '즉각 특검으로 재수사' 하라고 외쳐
그도 그럴 것이 국민들 눈도 '머시기' 아니면 '거시기'로 찌푸려서

사상누각 같아서

정부 입김 때문인지 일자리는 그런대로 창출인데
양과는 달리 질에서는 말이 아니라는 지적들
양질 다 좋긴 바라지 않지만 어쩐지 한쪽이 기운 사상누각 같아서

•

박진환 시인은 전남 해남 출신으로 동국대 국문학과를 거쳐 중앙대 대학원을 졸업(문학박사)했다. 1960년 동아일보 신춘문예(詩)·1963년 自由文學(문학평론)으로 문단에 데뷔했고, 국제PEN한국본부 사무국장 및 이사, 한국문협 고문을 역임했다. 제9회 시문학상, 제3회 비평문학상, 펜문학상, 윤동주문학상 등을 수상했고, 한서대학교 교수 및 예술대학원장을 역임했으며 현재 월간『조선문학』발행인 겸 주간으로 있다. 중요 저서로는 시집에『귀로』,『사랑법』,『꽃시집』,『三行詩抄』Ⅰ~Ⅺ『諷詩調』,『박진환시전집』Ⅰ·Ⅱ·Ⅲ·Ⅳ·Ⅴ·Ⅵ·Ⅶ,『物神時代』Ⅰ·Ⅱ·Ⅲ·Ⅳ·Ⅴ,『동굴일지』Ⅰ·Ⅱ·Ⅲ·Ⅳ·Ⅴ,『2012년 8월』에서『2013년 7월』까지,『풍계집·1』에서『풍계집·25』까지 76권의 시집이 있고 평론집으로『한국현대시인론』,『현대시론』,『21C시학과 시법』등 다수와『한국시의 공간구조연구』,『21C 시학』,『시창작론』,『諷詩調詩學』외 다수의 역저가 있다.

•

조선문학시인선 383

諷詩調詩集·47

풍諷계戒집集·14

2014년 8월 20일 인쇄
2014년 8월 30일 발행

지은이 / 박진환
발행인 / 박진환
펴낸곳 / 조선문학사
등록번호 / 1-2733
주소 / 120-853 서울 서대문구 통일로 389(홍제동)
전화 / 02-730-2255
팩스 / 02-723-9373

ISBN 978-89-98115-73-9

정가 10,000원